hRJce

D1716764

Arañas tramperas

Claire Archer

ABDO
ARAÑAS
Kids

www.abdopublishing.com

Published by Abdo Kids, a division of ABDO, PO Box 398166, Minneapolis, Minnesota 55439.

Copyright © 2015 by Abdo Consulting Group, Inc. International copyrights reserved in all countries.
No part of this book may be reproduced in any form without written permission from the publisher.

Printed in the United States of America, North Mankato, Minnesota.

072014

092014

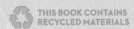

Spanish Translators: Maria Reyes-Wrede, Maria Puchol

Photo Credits: Getty Images, Minden Pictures, Shutterstock, SuperStock

Production Contributors: Teddy Borth, Jennie Forsberg, Grace Hansen

Design Contributors: Dorothy Toth, Laura Rask

Library of Congress Control Number: 2014938862

Cataloging-in-Publication Data

Archer, Claire.

[Trapdoor spiders. Spanish]

Arañas tramperas / Claire Archer.

  p. cm. -- (Arañas)

ISBN 978-1-62970-369-5 (lib. bdg.)

Includes bibliographical references and index.

1. Trapdoor spiders--Juvenile literature. 2. Spanish language materials—Juvenile literature. I. Title.

595.4--dc23

                    2014938862

Contenido

Arañas tramperas

Hay arañas tramperas en todo el mundo. Viven principalmente en **climas** cálidos.

5

Las arañas tramperas son
normalmente negras o cafés.
Algunas son rojizas. Las hembras
son más grandes que los machos.

6

7

Las arañas tramperas

tienen ocho patas.

¡También tienen ocho ojos!

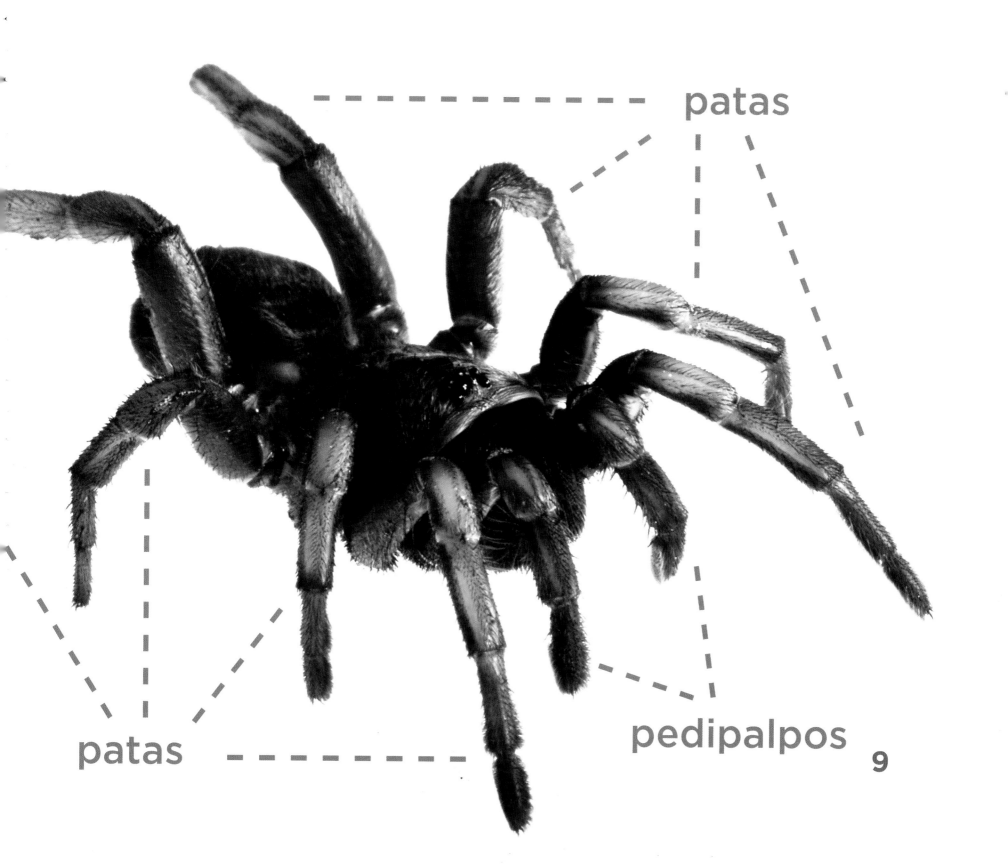

patas

patas

patas

pedipalpos

9

Se las llama así por el lugar
donde viven. Viven en
madrigueras con trampas.

11

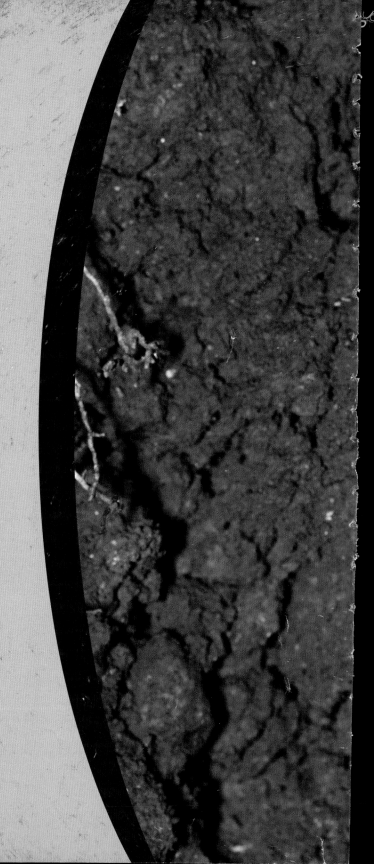

Las arañas tramperas excavan sus **madrigueras**. Después las cubren con seda.

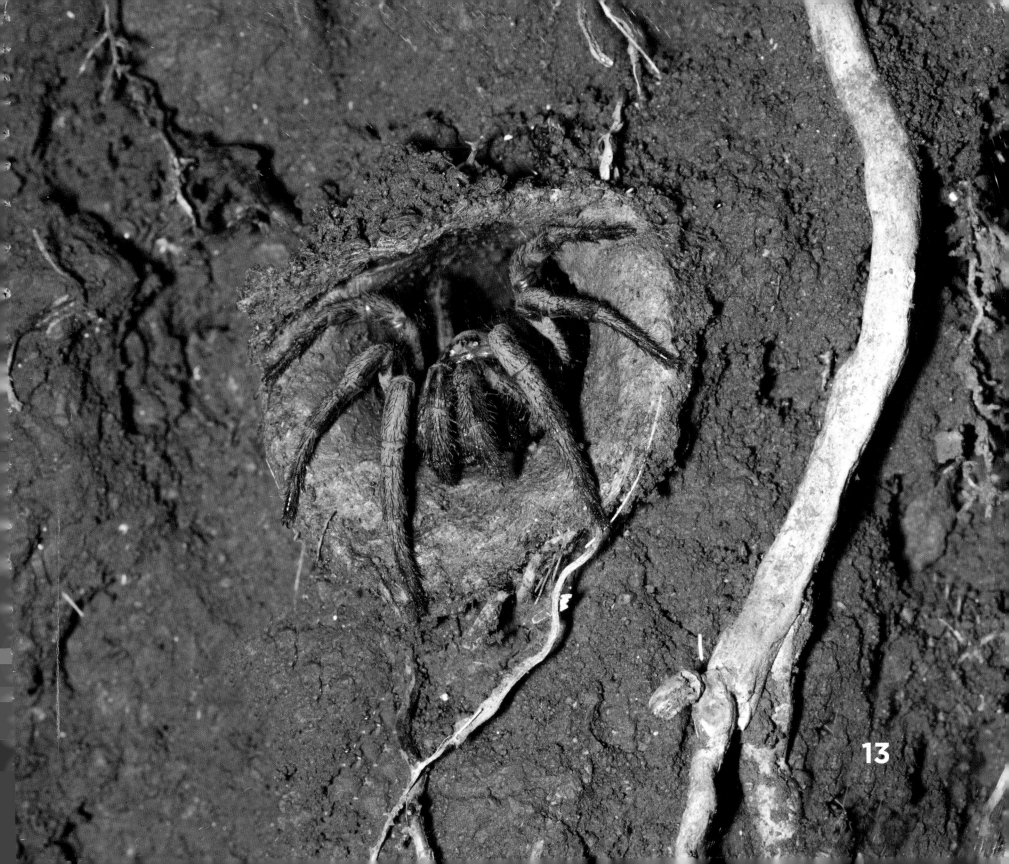

13

Caza

La araña trampera espera en su **madriguera**. Siente las **vibraciones** de su **presa** cuando se acerca.

14

Sale rápidamente de su
madriguera. Toma a su
presa y la arrastra hasta
la madriguera.

Muerde a su presa y

le inyecta su veneno.

Alimentación

Las arañas tramperas comen diferentes tipos de insectos. ¡Hasta comen lagartos, ranas y ratones!

21

Más datos

- Las arañas tramperas hembra pasan casi toda su vida bajo tierra en sus madrigueras. Los machos son los que salen de sus casas.

- Las tramperas jóvenes se quedan en la **madriguera** con la madre durante varios meses.

- Las arañas tramperas son de la familia de las tarántulas.

Glosario

clima – tiempo y temperaturas normales en un lugar específico.

madriguera – lugar que los animales construyen bajo tierra para vivir.

pedipalpos – apéndices con sensores, situados en la cara de las arañas y que les ayudan a sentir, agarrar y atrapar a sus presas.

presa – un animal que ha sido cazado por un depredador para comérselo.

veneno – sustancia tóxica que producen algunos insectos y animales. Se envenena a la víctima con un mordisco o una picadura.

vibración – pequeños movimientos repetitivos.

Índice

abdokids.com

¡Usa este código para entrar a abdokids.com y tener acceso a juegos, arte, videos y mucho más!

Código Abdo Kids:
STK0755

24